賽雷三分鐘漫畫中國史

賽雷 著

王朝劇場直播中 ③

【三國～魏晉南北朝】

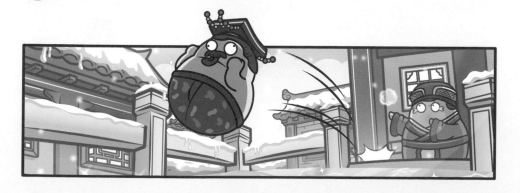

1
三國篇（上）

跑跑跑！劉皇叔的坎坷前半生

東漢末年，涿縣的街邊有戶人家專賣手工編織的草鞋、草蓆。

如果按今天商家愛往臉上貼金的廣告風格，這家人完全可以掛上「皇家草鞋」的招牌，因為小老闆劉備真的有皇族血統！

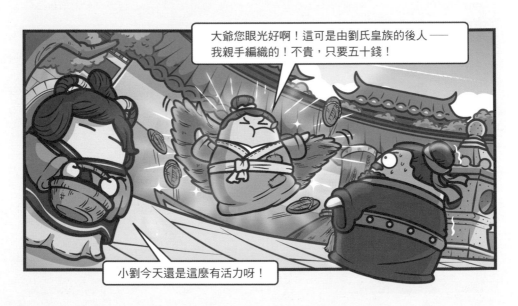

劉備，字玄德，生於西元一六一年，是西漢中山靖王劉勝的後代。

聽起來好像很厲害，其實沒有什麼用……因為東漢末年時，皇族之人已經數以十萬計，朝廷根本管不過來。

老爺，這人明顯是騙子，為什麼還買他的鞋啊？

沒想到劉家人還有混得這麼差的，買了就當幫幫他吧！

劉備的老爸還算幸運，混到個小官當，可惜年紀輕輕就去世了，留下孤兒寡婦。沒了生活來源，劉備只能去賣草鞋。

娘！我們的草鞋賣掉了！劉家的名聲沒有沒落下啊！

一定是你爹在天之靈保佑著我們！快去拜拜你爹爹！

🗨 生活的挫折沒有奪走劉備的樂觀，他家牆角種了棵桑樹，樹冠形狀很像馬車的頂篷。劉備小時候經常坐在這棵樹下，幻想自己以後飛黃騰達，能乘著豪華馬車炫耀。

🗨 雖然此時的他只是一個賣草鞋的平凡小男孩，但青年劉備還是有點做大事的潛力。

首先，他的相貌很引人注目：
手臂特別長，耳朵特別大，在人群裡非常耀眼。

再加上劉備很會做人：
喜怒不形於色，對待誰都很溫和，所以城裡的年輕人都愛和他玩。

此外，有些外地人來投奔劉備，附近的富商也時不時資助他。

不知不覺，劉備就擁有自己的小團隊。

說是團隊，但實際上有點像黑社會勢力……

因為骨幹成員關羽是個通緝犯，是殺了人逃到劉備這裡來的。

📖 二號骨幹成員張飛，嗓門特別大，說話像和人吵架似的。

二哥！這畫像上的人好像你啊！

像就像！你吼那麼大聲幹什麼？？

站住！

我情不自禁嘛……

📖 但劉備和他們倆關係很好，玩要一起玩，吃要一起吃，連睡覺都是三人擠一張床。

我如此年紀就過上左擁右抱的生活！可能這就是皇族血統的魅力吧！

🗨 看到這裡大家可能要說了：
他們本來就是桃園三結義的兄弟啊，黏在一起不是很正常嗎？

其實這只是《三國演義》的設定，
正史從未記載過劉、關、張三人結拜。

🗨 而且按年齡來算，關羽比劉備還大一歲，所以小說裡的長幼排序也有問題。

我只是早熟而已啦！其實人家才十八歲喲！

不過有沒有結拜都算小事，可以肯定的是，關羽和張飛對劉備忠心耿耿，未來也將一直追隨他左右，直到生命的盡頭。

時間來到西元一八四年，日常不務正業的劉備團隊終於找到露臉的機會——黃巾之亂爆發，朝廷一時對付不了。

🗨 於是很多老百姓拿起刀，組織義軍討伐黃巾軍。

　　劉備帶著團隊參加義軍，黃巾之亂被鎮壓後，他總算得到小官的職位。

🗨 這只是劉備個人的一小步，但朝廷裡正在醞釀著一場劇變。

　　為了對付黃巾軍，朝廷把大權完全下放給地方官，導致他們一個個都成為軍閥。

🖐 最終，軍閥董卓帶兵占領都城，挾持漢獻帝號令天下，其他軍閥很不滿，決定組成聯軍討伐董卓。

🖐 劉備沒有加入聯軍，準確地說是他沒有資格，因為他手下那點人大概只夠給董卓塞牙縫⋯⋯

📖 聯軍的扛壩子是以袁紹、袁術為首的袁氏家族，其中袁紹還是盟主。

📖 聯軍的另外一支重要力量則是長沙太守孫堅，看官職名就知道他平時住在長沙，帶兵從南方一路趕到中原入夥，也真的算是夠意思了。

總之，聯軍湊齊了各路豪傑，加起來約二十萬人馬，一副神擋殺神的樣子。

然而，他們都打著自己的小算盤，希望盟友去和董卓拚命，不想消耗自己的實力。結果就是大家各自按兵不動，聯軍整天只會喝酒作樂。

聯軍裡只有兩個人是真的盡全力想打趴董卓。

其一就是曹操，字孟德，官二代出身，曾經是朝中帶兵的將軍。

後來董卓掌權，想拉曹操入夥，曹操看他不順眼就沒答應。

但曹操又怕被報復，所以拍拍屁股溜了。

📖 曹操散盡自己的家財招兵，跑去加入反董聯軍。

　　也不知道曹操有多討厭董卓，在聯軍按兵不動的情況下，曹操居然領著自己幾千手下親自去攻打董卓。

董卓一天不滅，我寢食難安！
你們不去！曹某自己去！

📖 當然，打不打是回事，贏不贏是另一回事……

　　倒楣的曹操遭遇董卓的軍隊主力，被揍得屁滾尿流，不僅士兵都拚光了，連他的馬都中箭死了。

你不能走啊！你是我最後的馬兒了！

📖 另一個真心想揍董卓的人，就是剛才提到的孫堅。

　　這傢伙正義感爆表，當太守時，地盤裡的土匪、盜賊被他殺個精光，還順手殺掉其他太守轄區的土匪。

你……你別過來，這裡已經不是你的地盤了！你再過來我就報……報官了！

📖 手下勸他別管人家的閒事，孫堅卻回答道：

我只求無愧於天下！

主公！

📖 董卓惹上這麼一號人，自然是要肉疼一下的。

西元一九一年，董卓派出呂布、華雄等大將，帶兵迎戰孫堅的軍隊，最終呂布被擊敗逃走，華雄直接被斬殺。

雖然說打贏了，但從某種意義上來說，孫堅也和曹操一樣倒楣。

因為《三國演義》把這份功勞記在劉備勢力的頭上，所以才會有三英戰呂布、溫酒斬華雄的哏。

而此時此刻的劉備還在當著他的小官，他和關、張二人管著一塊小地盤，根本沒跑來打董卓。

真是人在家中坐，功從天上來！

雖然曹操和孫堅努力過，但以袁紹為首的大部隊沒有什麼動作，士兵們坐在大營裡玩，吃完軍糧就散夥各回各家了。

老袁！下次有這種大型派對，記得還要叫我啊！

軍聯

放心！一定叫你！慢走啊！

聯軍迎來雷聲大雨點小的結局，董卓都被逗笑了。

不過他沒有笑多久，西元一九二年五月，他最信任的手下兼乾兒子——呂布，找機會刺殺了他。

哈哈哈哈，烏合之眾是想讓我笑死對吧！

按《三國演義》的描述：呂布是為了和董卓搶美女貂蟬才選擇叛變。

蟬蟬！

布布！

然而，正史卻沒有記載過貂蟬這個人，她很可能是小說裡的虛構角色。
呂布反叛的真正原因，是他和董卓的奴婢有一腿。

由於害怕事情敗露，而且董卓脾氣壞，經常會打罵呂布，所以呂布一直心懷不滿，最終找機會殺掉自己的乾爹。

🪨 董卓一死，戰亂卻沒有平息，大家反而愈打愈起勁了。

　　因為當初的反董聯盟沒有存在的理由，成員間一轉眼就開始自相殘殺，想吞掉對方的地盤。

開門啊老趙！我來找你喝酒了！

找我喝酒幹嘛帶這麼多人？

🪨 經過幾輪大魚吃小魚式的亂鬥……剩下幾位智商比較高，或者是家底比較厚的選手。

例如占據河北的袁紹，占領中原的曹操，住在東南地區的孫權（孫堅之子），還有盤踞中南地區的劉表。

什麼？你問我們的主角劉備？

劉備在迷茫中流浪呢！他先帶領手下投靠曹操。

🪨 後來劉備跑去袁紹那裡，叛逃的過程中，關羽還不小心被曹操抓了。

🪨 於是，西元二〇〇年時出現非常尷尬的一幕：曹操和袁紹兩個大老打了起來。

📖 此時，關羽在曹操那裡當「臨時工」，而劉備幫忙袁紹，好哥們兒差點成為戰場上的敵人。

📖 關羽這個「臨時工」還比較認真負責，當先鋒衝入敵陣砍殺，殺掉袁紹手下的大將顏良。

把人頭送給曹操後，關羽覺得差不多交夠贖身費了，決定回去找劉備。
而曹操也算講情義，竟然就這麼放走關羽。

但問題是，關羽剛剛和劉備站回同一戰線，這戰線就垮臺了。
曹操偷襲袁紹屯糧的基地，導致袁紹的部隊軍心大亂，最後被打得幾乎全軍覆沒。

此戰之後，曹操成為整個北方地區的霸主。
可憐的劉備被迫再次換老闆，他一路南逃到荊州投靠劉表。

劉備痛定思痛，總結教訓，覺得之前跑來跑去瞎折騰是因為自己智商不夠。
他看不清局勢，認不準人，所以還缺一個優秀參謀。

很巧的是，隆中住著一位高智商人才，他正在茅廬等待劉備的到來……

2

三國篇（中）

赤壁之戰的真相

☁ 西元二〇七年，劉備已經四十七歲了。

　　他的前半生過得相當糊塗，替曹操做過事，為袁紹打過工，卻都沒混出什麼名堂。

☁ 最後，劉備跑去荊州投奔劉表。

　　劉表倒也不嫌棄，給了他不少兵馬，讓他防守荊州周邊的地區。

🗨 考慮到劉備之前是個賣草鞋的，現在倒也算還行，但想想他兒時飛黃騰達的夢……

好像離目標還有點遠。

🗨 心有不甘的劉備決定替自己找個高智商的謀士，這時別人建議說有個叫諸葛亮的謀士還不錯。

但他架子比較大，必須親自去請才行。

大哥，好了沒有？怎麼換個衣服換了半個時辰！

不打扮漂亮一點，怎麼把小亮亮請回來？

別催了！你們兩個莽夫不懂的！

🗨 劉備前兩次去都不湊巧，諸葛亮正好外出了。

不過劉備誠意比較足夠，跑了第三趟，總算見到諸葛亮一面，這就是三顧茅廬的由來。

不是吧?! 這個豬什麼亮又不在家？

就是，害我們大哥的妝都等花了，等我見到他，我就……

何人在屋外嘰嘰歪歪？

雖然過程比較折騰，但諸葛亮沒有讓他失望。

當劉備問到如何匡扶漢室，諸葛亮沒有和他扯些虛的，直接看出他有爭奪天下的野心，給出一套完整方案。

既然都是男子漢，那我就不和各位來虛的！

哇！這麼直接嗎?!

見山!!!

開門○○○○○

諸葛亮的計畫是先占據劉表的荊州，再占領四川一帶。

　　拿這兩塊地方做為資本，對抗北方的曹操和東南的孫權，就可以三分天下。

劉備聽完方案後非常滿意，高興得像個五歲的孩子，當場決定和諸葛亮合作。

☞ 三顧茅廬這個故事告訴我們：

不只是甲方可以虐待乙方，只要乙方本事夠大，也能隨意折騰甲方。

甲方還得對你客客氣氣的。

☞ 諸葛亮規劃出藍圖後，劉備很快迎來實現夢想的機會。

西元二〇八年，曹操已經完全掃清中原的敵人，漢獻帝成為他的傀儡。

於是，曹操打著天子的旗號，把手伸向劉表的地盤。

曹操不囉嗦，♪一心要拿荊州！

📖 恰好這時劉表病死了，繼承家業的兒子比較怕事，決定直接向曹操投降。

📖 他可以降，但劉備不能降，畢竟劉備之前和曹操有仇。

於是，老劉又開溜了，不過他也沒空手跑，當初劉表撥給他的軍隊都被他帶走了。

🗨 但曹操非常惦記劉備，帶兵連夜趕路追上來！
結果劉備的軍隊一觸即潰，四散逃命。

🗨 而這次多虧有張飛斷後，他只帶著二十來個手下就敢去堵路，還舞著長矛對曹軍大吼：

🗨 曹軍看他超凶的樣子，還真被嚇怕了。

於是劉備就這樣逃過一劫，趁機跑到孫權的地盤。

然而，孫權也很發愁，因為曹操搶完劉表的地盤，下一個目標肯定就是他。
於是，孫權手下的一幫人勸他投降，說以後幫曹操打工算了，但他又覺得
還是自己當老闆比較自在。

就在孫權糾結時，劉備派諸葛亮過來當說客了。

那時候孫權才二十七歲，諸葛亮看出這個小哥年輕氣盛，於是上來就使出激將法：先誇孫權手下軍隊還挺能打，再嫌他意志不堅定是浪費軍隊，不如早點投降。

孫權這下就有點火大，挺想打敗曹操來證明自己。

曹軍從北方一路跑過來已經累了，而且大多不識水性，沒有想像中那麼勇猛，周瑜請求撥給自己三萬精兵就可以抵禦曹操。

 於是孫權答應和劉備組成聯軍。

 後面的事情大家肯定都聽說過……
雙方在赤壁大戰一場，孫、劉聯軍出了一堆奇招：
什麼反間計、苦肉計全來了。

欲破曹軍，宜用火攻。
萬事俱備，只欠東風。

最後還叫黃蓋詐降，開著船去火攻曹軍艦隊，大敗八十萬曹軍。

赤壁一戰，孫、劉聯軍華麗地完成以少勝多的任務，而曹操灰頭土臉地跑回北方。

但是，關於這場戰役的真相，其實還存在爭論。

📖 《三國志》記載了周瑜的估計：

他認為曹操從中原帶來十六萬人，接收劉表投降的軍隊八萬人，加起來是二十四萬。

而孫、劉聯軍的總數是五萬左右，所以赤壁之戰的實力對比，沒有我們認為的那麼懸殊。

📖 此外，曹軍遭到的致命打擊可能不全是因為那場火攻。

🥟 戰後，曹操曾寫信對孫權說曹軍中爆發瘟疫，無奈只能自己燒毀戰船撤退，讓周瑜白撿了個便宜。

🥟 後世的學者認為，也許是血吸蟲病襲擊曹軍，這種寄生蟲病在古代的南方很常見。

　　長期生活在南方的人才能產生一定的抵抗力，而曹操的軍隊中以北方人居多，說不定就這樣中槍了。

因為年代太過遙遠，赤壁之戰的具體過程已經很難查證。

只能任憑後人猜想。

但赤壁之戰的結果是確定的：
曹操慘敗，失去大部分軍力，餘生都無力再對南方發起大規模進攻。
廣闊的南方地區，變成孫、劉兩方的舞臺。

既然曹操已經不成氣候，我們來談談南方的地盤怎麼分吧！

分什麼？都是我的！

此後劉備終於轉運，沒有曹操的干擾，做什麼都順風順水，一步步執行諸葛亮的計畫。

劉備先占領荊州地區，後面又奪取四川和其周邊地區。

有了自己的根據地後，他不斷招兵買馬，實力逐漸壯大，便反過來搶曹操的地盤。

例如西元二一九年，關羽率軍北伐。
樊城之戰水淹七軍，曹操的軍隊損失慘重。

曹操覺得關羽很難對付，光憑自己好像不太行，乾脆決定拉攏孫權。
正好孫權也覺得劉備勢力擴張得有點猛，已經成為自己的威脅。

再加上關羽不仗義，北伐曹操時，軍糧不夠吃，二話不說跑去搶劫孫權家的軍糧，給了孫權翻臉的藉口。

當時的我正在田地裡拉屎，突然衝過來一個戴綠帽的人，把我們的韭菜都割了⋯⋯

可惡！

於是孫、劉聯盟正式破裂，變成孫、曹 CP *。

隨後，孫權派呂蒙偷襲荊州，給關羽來了一個猝不及防。

報！孫權大軍殺過來了！

快！把我的青龍偃月刀拿來！

什麼？！

* 網路用語，源於日本 ACG 同人界，表示人物之間有親密關係。

📖 然後關羽遭到曹軍反擊，最終敗走麥城，被孫權抓去砍頭。

📖 失去一個忠心耿耿的好部下，劉備非常傷心。

可能是為了安慰他，幾個月後，老天就把曹操也召喚走了。

曹操病逝，他的兒子曹丕接手家業。

曹操一直玩「挾天子以令諸侯」的遊戲，始終沒有稱帝。

而曹丕則懶得再裝樣子，直接逼迫漢獻帝讓位，自己建立魏國。

既然漢獻帝沒了，劉備就成為劉氏皇族最後的希望。

於是他抹抹眼角的淚，在成都稱帝，建立蜀漢。

再加上孫權的東吳政權，三國鼎立的局勢就這麼形成了。

從嚴格意義上說，東漢王朝到這時才滅亡，
三國時代此時才開始。

 之前我們講的都是東漢末年的故事……但因為《三國演義》太熱門了，從黃巾起義說起，寫了半本書才說到劉備稱帝。

所以通常會把這段歷史也
歸進三國時期。

從賣草鞋的小男孩變成皇帝，六十一歲的劉備總算實現夢想。

但他沒有忘記當初一無所有時，是忠心耿耿的關羽陪自己經歷最困難的創業歲月。

然而關羽已經死了，劉備登基三個月就率軍親征東吳，想幫關羽報仇。

每次想起這件事，我的內心就備受煎熬……

刷

孫權！我要把你千刀萬剮，以慰我兄弟在天之靈！！

手下趙雲等人極力勸阻，希望他看清形勢，現在曹丕剛篡位，還沒坐穩位子，應該借機攻打魏國。

事成之後，東吳自然會臣服，如果和東吳開戰可能兩敗俱傷，讓魏國坐收漁翁之利。

劉備沒有聽這些諫言，他已經被仇恨沖昏頭腦，還是帶軍隊出發了。

劉備不知道的是，在這場戰爭中……他會把另一個好哥們的命搭進去，自己也將迎來人生的終點。

後面的故事會怎樣發展？
讓我們拭目以待吧！

3

三國篇（下）

千古昏君劉禪其實很委屈

西元二二三年，白帝城……

六十二歲的劉備躺在病床上，艱難地說著遺言……

旁邊的諸葛亮和其他大臣一個個抹著眼淚。

劉備是真的挺不住了，身累，心也累。

兩年前，劉備才剛稱帝實現夢想，怎麼一下子就垮了呢？

 話說劉備登基後，別的什麼都不管⋯⋯
他當時調集蜀漢的各路大軍出擊，想要滅掉東吳，為好哥們關羽報仇。

> 沒辦法，誰讓劉備就是嚥不下這口氣。

🪨 然而大軍還沒打到東吳，劉備就聽到噩耗：
另一個忠心耿耿的部下，也是幾十年來的好哥們 —— 張飛，居然死在自己人手裡，腦袋還被人帶去東吳送給孫權當禮物。

陛下！張將軍他⋯⋯

是⋯⋯是誰幹的？我要將他碎屍萬段！

🜂 事情的經過是這樣的：

張飛這人脾氣比較暴躁，常因為小事就嚴刑處罰手下，喝醉也會暴打他們，於是兩個心懷不滿的手下趁夜刺殺了張飛。

🜂 兩個好哥們接連離世……

此時劉備真的體會到了什麼叫做「悲痛欲絕」。

🪨 然而人死不能復生，劉備只能化悲痛為力量，拿東吳出氣了。

軍師說得對！

我現在就去把吳國滅了！

🪨 可惜的是，劉備連這點心願都無法實現，因為東吳還有陸遜在。
　　陸遜智商很高，之前東吳偷襲荊州、殺掉關羽，他就是主要策劃人。
　　而且陸遜非常冷靜，這次面對來勢洶洶的蜀軍，他果斷選擇避戰。

陸帥……劉備叫囂要拿您的狗頭祭關羽……

我的狗……啊不……我的頭是那麼容易拿的嗎？

哼，我早有準備！

因為陸遜察覺到，蜀漢與吳國交界處的地形易攻難守，如果在這裡交戰必然打不過蜀軍。

所以他主動放棄很多地盤，撤退到利於防守的地方。

他龜縮著不出來，任憑蜀軍怎麼挑釁、怎麼叫罵，反正死活不應戰。

蜀軍在這裡挑釁半年，一公分都沒能前進，還把自己折騰得夠累，鬥志全都沒了。

時間一晃到了夏季，天氣太炎熱，蜀軍把營地搬到密林裡避暑。

 這下陸遜終於等到反攻的機會，他派人打探清楚，確認蜀軍紮營用的是木柵欄，然後發動火攻。

 蜀軍的營地很快就燒成一片，同時陸遜還封鎖水路、陸路，讓蜀軍無法撤退。

最終，蜀軍幾乎全軍覆沒，死的死，降的降，只有光桿司令劉備一路狂奔，逃到白帝城避難。

想發洩怒火卻燒了自己，連遭沉重打擊的劉備身心都崩潰了，直接一病不起。他感覺關羽、張飛已經在對他招手，趕緊把留守成都的諸葛亮叫來交代身後事。

劉備要交代的大事其實就那麼兩件：

其一，誰來當蜀漢的皇帝？

劉備選了長子劉禪，就是大家俗稱的「阿斗」。

其二，誰來輔佐新皇帝？

劉備選了諸葛亮，畢竟三顧茅廬請出來的人才，好歹要用回本吧！

💬 劉備對諸葛亮說：要是劉禪還行就輔佐他；要是蠢到無可救藥，就自己取代他吧！

　　諸葛亮當時感動得一把鼻涕一把淚，馬上拍胸脯對劉備保證，絕對會盡忠到死為止。

💬 總之，得到諸葛亮的保證後，劉備叮嚀劉禪，以後諸葛亮就是他的乾爹，要好好聽話，劉禪趕緊小雞啄米般瘋狂點頭。

之後沒多久，劉備便病逝了，諸葛亮掌握蜀漢大權，他的政策是放下新仇舊恨，再次和東吳結盟。

孫權爽快地答應，畢竟之前的仗是他們打贏，沒虧什麼。

陛下！雖然這個人害死你爹，殺了你二叔，又拿了你三叔的人頭，但我們必須放下仇恨和他結盟，知道嗎？

乾爹，孩兒知道了！

而且在蜀漢與東吳交戰時，魏國派了大軍過來圍觀，準備坐收漁翁之利。

劉備啊，你這步棋真是臭啊！不過正合我意！

陸遜火燒連營後，又馬不停蹄地跑回去防守魏軍，不然東吳會給劉備在白帝城養病的機會？

哄好東吳後，諸葛亮再次專心開始對付魏國。

西元二二六年，魏帝曹丕病死，諸葛亮決定趁此機會北伐，臨行前寫下著名的〈出師表〉，向劉禪講明局勢。

🪨 諸葛亮的意思是：

如今雖然是三國鼎立，但天下的富庶之地大多在魏國手裡。

論人力、物力，蜀漢遠遠比不上魏國，如果這麼耗下去，遲早都是死。

所以蜀漢唯一的希望，就是透過北伐搶魏國的地盤！

🪨 西元二二八年至二三四年間，諸葛亮總共發動五次北伐，與魏軍展開血戰。

決一死戰吧！曹賊！

從戰術層面來看，諸葛亮占的便宜比較多，每回都能殺掉魏軍不少人馬，還占了好幾座城池。

但從戰略層面來看，諸葛亮的五次北伐全都是失敗的。
既沒有徹底擊垮魏軍，搶到的地盤也不足以讓蜀漢的實力明顯飛躍。

🥠 特別是後兩次北伐時，魏國起用了司馬懿做為大將。

司馬懿這人是個老狐狸，填補蜀、魏之間的智商差距，讓諸葛亮更難打勝仗。

🥠 司馬懿知道，以蜀漢的國力只能提供有限的軍糧，所以蜀軍的遠征必定要速戰速決。

司馬懿始終執行拖字訣，不許魏軍和蜀軍正面交鋒。
即使諸葛亮都送套女人衣服過來，嘲諷他「沒種」……
他也只是笑笑，不當回事。

在司馬懿的全防守策略下，蜀軍的第四次北伐因為吃光軍糧而被迫撤退。

而第五次北伐，蜀軍和魏軍對峙太久，諸葛亮都一把年紀了，還在戰場上奔波指揮，什麼事都得操心。

最終他積勞成疾，病死於五丈原，兌現他「鞠躬盡瘁」的諾言。

雖然諸葛亮的北伐沒能擊垮魏國，但他卻引發蝴蝶效應，變相打敗曹家。

因為司馬懿立下軍功，司馬家族的勢力逐漸壯大，很快就篡奪魏國的朝政，曹姓皇帝成為玩偶。

而另一邊的東吳，此時此刻也不怎麼太平。

孫權晚年時逐漸糊塗，變得多疑且暴躁，還在繼承人的問題上猶豫不決。

最後引發大臣們內鬥，很多名將都在這場風波中死去……

其中包括東吳的棟梁——陸遜。

📖 曹、孫、劉三家中，反倒是千古留名的「昏君」劉禪，日子過得最舒適。

說到這裡，大家肯定能想起來《三國演義》說：劉禪徹底解放，天天玩樂不幹正事。

沒心沒肺所以才舒服啊！

📖 其實，真正的劉禪並非如此，他相當聰明。

諸葛亮死後，曾有人建議劉禪秋後算帳，清除諸葛亮的勢力，防止別的大臣像他一樣專權。

陛下！為了避免諸葛殘黨繼續獨攬大權，老臣建議不如把他們……

嗯，大人說得有理啊……

🍘 劉禪立刻把這傢伙殺了，並重用諸葛亮臨終前推薦的大臣，先穩定住人心。

陛下既然明白了，老臣建議馬上抄家！

諸葛大人！這位大人想要抄你家，你安排一下！

大人還是個急性子啊！朕現在就安排！

陛下！臣馬上安排！

陛下英明！

🍘 同時劉禪又留了一手，把原本由諸葛亮掌握的權力分成好幾份給不同人，可以讓他們互相制約，避免朝中出現下一個「諸葛亮」，確保自己是蜀漢真正的話事人*。

幾位大人，今後蜀漢就拜託各位了！

多謝陛下！臣當萬死不辭！

＊ 粵語用詞，指「可以決定的人」。

劉禪還敏銳地看出，諸葛亮的五次北伐已經把蜀漢的積蓄掏空了，所以下令暫停北伐，先讓蜀漢的老百姓休養生息。

從劉禪的種種舉動來看，他並非一個昏君。

然而昏不昏，和你亡不亡國沒有半點關係……

而且諸葛亮已經在〈出師表〉分析過了：

🦪 劉禪這麼做，僅是為蜀漢延長一點壽命。

準確來說，諸葛亮死後，蜀漢還堅持了二十九年。

🦪 西元二六三年，魏軍對蜀漢發起最終的攻勢。

劉禪眼見抵抗沒什麼用，決定開城投降，讓百姓免遭戰火的毒害。

蜀漢的百姓因此很感謝劉禪，很多年後，蜀地發生叛亂，官員搬出劉禪的後人說情，叛亂才逐漸平息。

宋朝年間，知事成都府事蔣堂撤去後主祠，而後人認為劉禪的出降避免百姓的傷亡，便在順城安樂寺中為他塑像奉祀。

📖 消滅蜀漢後，司馬家族覺得戰功已經賺夠了。

於是，司馬懿的孫子司馬炎奪取曹家皇位，改國號為「晉」。

📖 三國鼎立的局勢被打破……

東吳要獨自面對強大的晉國，結局可想而知。西元二七九年，二十萬晉軍南下伐吳，次年大獲全勝，東吳皇帝孫皓學劉禪投降了。

自此，三國時代結束……
天下再次歸一，晉朝統治的時代開始了。

而投降後的劉禪遠離蜀漢故土，過著種樹養花的修仙生活。
每當司馬昭試探他還有沒有野心，他就回答：「此間樂，不思蜀。」透過裝傻來保全性命。

 劉禪悠閒地活到虛歲六十五歲才因病去世，在中國歷代的亡國皇帝中，阿斗的下場是最好的。

父親，乾爹，阿斗盡力了……

4

晉朝篇（上）

誰創造了「何不食肉糜」的哏？

三國時代，有曹家的魏國，有劉家的蜀國，還有孫家的吳國……
這三組人爭來鬥去，各種陰謀陽謀全使出來了，都想當一統天下的霸主。

可是做為裁判的命運之神，從來沒承諾過冠軍一定要在曹、劉、孫三家中勝出，最終實現一統天下目標的人是一位半路參賽的選手。

對抗蜀漢、吳的戰爭中，以司馬懿為首的魏國司馬家族，因為立下了軍功而威望大增，權勢急劇膨脹，曹家只能看他們的臉色行事。

西元二六五年，司馬懿的孫子司馬炎，逼迫魏元帝曹奐讓出皇位，並改國號為「晉」，後世稱他晉武帝。

魏國從此不復存在，取而代之的是晉朝。

之後司馬炎派兵消滅吳國，再加上蜀漢早已被滅掉。

天下再次歸一。

雖然司馬炎的名字裡帶了「兩把火」，還做過篡位的事情，但總體來說，這個人的脾氣算比較好，性格溫和寬厚。

上次叫你去安置那些亡國貴族，事情辦得怎麼樣了？

愛卿莫慌，朕沒有怪罪你！現在去辦也不遲！

皇上饒命！老臣糊塗！一時竟忘記了！

皇上……

不管是蜀漢和東吳的亡國之君，還是被廢的曹魏皇帝，他都沒有殺掉以絕後患，而是給錢、給地，將他們安置起來。

投降的東吳末代皇帝孫皓，曾經當眾挑釁司馬炎。

當時大家在聚餐，司馬炎問孫皓會不會唱民謠，孫皓張口就唱：

孫皓言語中充滿不服氣，當時桌上所有人都嚇壞了，以為司馬炎會發怒殺掉孫皓。

結果他只是臉色有點難看，沒有拿孫皓怎麼樣。

對待蜀漢和東吳的舊臣，司馬炎相當寬容，只要你願意替晉朝幹活，就不計前嫌地重用。

🂠 當然，要是不願意當官也行，樂意在哪裡養老就在哪裡養老，只要別造反就好。

🂠 例如蜀漢大臣李密，司馬炎聽說他很有才，叫他來朝廷做事，但李密說來不了，奶奶病了，要人照顧。

有手下在司馬炎耳邊打小報告，說李密肯定有不忠之心，應該趕緊要了他的腦袋。

李密寫了封自白信給司馬炎，即國文課本裡的〈陳情表〉。

說自己是奶奶一手帶大，肯定要盡孝，如果連對親人都不孝順，還談何對皇帝盡忠？

🗔 司馬炎看了覺得很有理，不僅沒有處罰李密，還送錢、送糧、送保姆，幫李密照顧奶奶。

　　甚至還為李密保留官職，等他盡完孝再來報到。

還缺什麼，儘管提！

🗔 靠著懷柔政策，司馬炎成功攏絡人心，穩住晉朝局勢。

　　蜀漢和東吳的殘餘勢力沒有再發起大規模反叛，司馬炎實現「征服」天下的目標，而不是簡單的「攻占」。

大哥，要不要回去江東……東山再起？

我跟你說，司馬炎待我們个薄！

你要是再說這種忘恩負義的話，別怪我和你翻臉！

說完司馬炎的優點，我們也必須提一提他有爭議的地方。

其一：

司馬炎為了避免東漢末年軍閥割據的場面重演，也為了節約開支，少花錢養兵……下令裁撤各地官員手下的軍隊。

🗨️ 並且把自己的親戚封為藩王，讓他們帶領軍隊去鎮守軍事要地，監督各地的地方官們幹活。

🗨️ 司馬炎的想法非常好，但裁軍裁得太過了。

大郡只剩百來名士兵，小郡只有五十名，連日常抓賊、維護治安都不夠用啊。

🗿 而藩王手裡又掌握強大的軍隊，誰來制約藩王呢？
司馬炎大概覺得自家人當然不會坑自家人。

就憑我們倆小時候穿過同一條褲子的感情，
軍隊還缺什麼，儘管對我說！

謝皇上！那就再來幾車兵器吧！

🗿 之前很多皇帝也這麼想⋯⋯但他們都已經用親身經歷證明了：

皇族間的親情比塑膠
還要塑膠！

🗒 其二：司馬炎對胡族採取放任態度。

什麼是胡族呢？當時的中原文明，把周邊的其他民族統稱為胡族，包括匈奴、鮮卑、羯等。

🗒 漢朝武力強盛時，曾經對胡族發起多次戰爭。

無數輪對拚後，不少胡族選擇歸順中原文明，例如投降東漢的南匈奴。

為了方便控制胡族，漢朝往往把他們安置在邊疆地區，由朝廷派官員管理。

隨著時間流逝，胡族人愈來愈多，勢力也愈來愈大。
於是他們不再滿足於住在邊疆，開始往富庶的地區遷移。

🐚 到晉朝建立時，西面和北面的邊境幾乎完全被胡人包圍，西北的各郡都成為胡人的天下，就連都城洛陽附近都有不少胡人居住。

🐚 而且胡人一天比一天不服管理，例如西元二七〇年，河西鮮卑的首領禿髮樹機能發動叛亂，戰火燃遍整個西北。

🥟 那時候，晉朝正準備攻打吳國，只好被迫推遲計畫。

最後晉朝花了九年時間，以多位大將戰死為代價，才平定這場叛亂。

🥟 司馬炎剛消滅吳國，就有大臣建議：

趁著軍隊的氣勢還在，武力逼迫胡人全都搬回邊疆地區。

就算不能達成這個目標，也要完全清理都城附近的胡人。
否則胡族一旦叛亂，立刻就能威脅到晉朝的心臟。

猶豫就會敗北！皇上，利弊全都寫下來了，請皇上看完立刻做決定！

這次必須讓他們滾回邊疆！否則後患無窮！

司馬炎非常認真地看完這份奏章，然後扔進垃圾堆，沒人知道他當時是怎麼想的。

嗯，不錯，朕都讀完了，來人！

出什麼兵，我的意思是讀完了，可以叫伙夫過來把這些竹簡拿去當柴火燒了！

皇上這就要出兵了嗎？真是好魄力啊！

📖 總之，開國皇帝司馬炎為晉朝埋下兩個「火藥桶」，隨時都有可能爆炸。

📖 他嫌不夠周到，還非常貼心地為晉朝準備一根導火線：他把皇位傳給笨蛋兒子司馬衷。

司馬衷雖然不是先天性腦袋有問題，但從小就不太機靈，連他老爹司馬炎都覺得這孩子太蠢。

本來皇位輪不到他坐，可是他哥哥死得早⋯⋯他就成為第一順位繼承人。

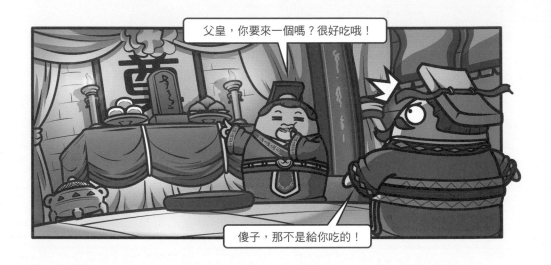

朝中很多大臣都覺得司馬衷靠不住，極力勸阻司馬炎不要傳位給他。

既然父死子繼靠不住，還可以兄終弟及嘛！

於是，大臣們建議司馬炎找個弟弟來繼承。

就是就是，皇兄，你不是還有我嗎？

司馬炎糾結很久，最後還是用父愛壓倒理智。

有你又有什麼用？你能叫我爸爸嗎？

爸爸！爸爸！

🔖 西元二九〇年，司馬炎病逝。同年，司馬衷登基，即晉朝第二位皇帝晉惠帝。

司馬衷在位的主要貢獻為：鬧笑話、鬧笑話和鬧更多的笑話，而且是流傳千古的那種。

🔖 有次國內鬧饑荒，大臣向司馬衷報告，說老百姓沒有飯吃，要餓死了，司馬衷一臉迷惑，反問了一句：

「何不食肉糜」的典故
就是這麼來的。

📖 還有一次，司馬衷去逛園林，聽到池塘裡有青蛙在叫……他滿臉好奇地問
隨從：

這個呱呱叫的玩意是公家的還是私人的？

📖 隨從哭笑不得，只能回答說：

有這麼一位奇葩皇帝，晉朝能好過嗎？

司馬炎埋下的第一個「火藥桶」，此時開始爆炸了。

📖 首先，藩王們眼看皇帝無能，紛紛起兵作亂，想要武力奪權。
因為帶頭鬧事的藩王有八位，所以這場叛亂被稱為「八王之亂」。

什麼八王，我看他們就是一群王八！再說，朕怎麼無能了？

皇上息怒！

📖 因為司馬炎早年裁軍，各地的地方官根本無兵可用，只能任由藩王們互相攻殺。

「八王之亂」總共持續十六年，整個北方都陷入戰亂中。

📖 最終，東海王司馬越獲得勝利，控制了朝廷，而其他七王全部戰敗身死。

這都什麼時辰了，怎麼還沒人來上朝？

你說什麼?!

大……大臣們都在東海王府上呢……

皇上也快過去吧！要是東海王生氣殺過來就完蛋了！

📖 西元三〇六年，笨皇帝司馬衷去世，疑似是被司馬越下毒殺掉的。

剪刀、石頭、布！

還真的是好哄呢！

好吧，你贏了，你先喝！

之後中國的大部分王朝都極力避免使用「惠」字做為皇帝諡號，這個字本來沒什麼貶義，但晉惠帝司馬衷的名聲實在太臭，要是哪位皇帝用了這個字，就好像罵人家是蠢材昏君。

靠一己之力廢掉一個漢字，真是後無來者了。

說回晉朝：

成功躲過「大逃殺」的司馬越，扶持一個傀儡皇帝，享受當藏鏡人的生活。

廢物，飯桶，這點事都做不好！

主人，你看我教訓得對嗎？

不錯，不錯！

📖 但他享受不了多久……因為第二個「火藥桶」馬上也要爆炸，晉朝這家「公司」已經走到破產邊緣！

📖 持續十六年的王族間內戰，導致人民大量死傷和流亡。
晉朝受到重創，完全失去壓制胡族的能力。

🗨 而且，當初八王為了擴充自己的軍隊，紛紛和胡人搭夥，導致胡族的勢力進一步壯大。

🗨 匈奴、羯、鮮卑、羌、氐，這五支比較強悍的胡族已經不滿足於當晉朝的臣子，自立門戶、奪取天下的野心正在悄悄醞釀，一場更大的動亂即將襲來。

5

晉朝篇（下）

一個好間諜勝過幾十萬大軍

晉朝第一位皇帝晉武帝，在位期間替國家埋下兩個「火藥桶」：先有晉武帝封自家親戚為藩王，給了他們很多士兵，讓他們難以被壓制。

後又有晉武帝傳位給無能昏庸的兒子，讓藩王們有機會奪權，最終引發「八王之亂」。

📖 這場內戰持續了十六年，幾乎耗盡晉朝的元氣，反倒是盤踞在晉朝各處的胡族勢力一天比一天壯大。

實力的天秤傾斜了，叛亂就是自然而然的事。

📖 西元三〇四年，氐族人李雄帶領十幾萬流民占領成都。

他建立「成國」，於兩年後稱帝，勢力範圍和劉備的蜀漢差不多，直接割走晉朝西南的大部分地盤。

🪨 氐族人拉開天下大亂的序幕後，匈奴人也坐不住了。他們公開和晉朝決裂，自己建國單飛。

說起來，匈奴人的操作還很搞笑⋯⋯

他們的國號竟然是
——「漢」！

🪨 因為匈奴的首領是劉淵，他的祖先和漢朝通婚，被皇帝賜姓劉。

唉，嫁出去的女兒，潑出去的水啊！
以後都是一家人了，你們就和我姓劉吧！

劉淵自認是漢朝的正統繼承人，建國時，他還把漢朝歷代皇帝的牌位搬出來叩拜一遍。

不僅有劉邦、劉秀、劉備，他連劉禪都拜了。

此時距東漢滅亡已過去八十多年，劉家人都不做復國夢了……沒想到漢朝這塊招牌，竟然被曾經的死敵匈奴重新掛出來。

不知漢朝歷代皇帝在天上看到這一幕有什麼感受……是哭呢？笑呢？還是哭笑不得呢？

雖然匈奴多年沒靠搶劫營生，但天賦還在那裡，打起仗來一點都不陌生。

西元三一一年，匈奴攻破晉朝都城洛陽，俘虜晉朝皇帝，開始燒殺搶掠。三萬多官員、士兵和百姓慘死，連司馬家的祖墳都被挖掉了……

此後，晉朝遷都長安，重新立了一位皇帝。結果，匈奴人二話不說又跑去打下長安，晉朝皇帝再次成為俘虜。

📖 經過這兩次血的教訓，晉朝的殘存勢力終於明白：
北方已經待不下去了，還是麻溜點往南跑吧！

📖 還沒死的皇族、大臣，紛紛南逃到長江流域。
並且建新都於建康（今南京），還有很多百姓為躲避戰亂也一起逃難過來。

這次大規模的搬家行動，史稱「衣冠南渡」。以「衣冠南渡」為分界點：之前的晉朝被稱為西晉，之後就是東晉。

這是中國有史以來，中原王朝和文明第一次大規模南遷。
從長遠角度上來看，南方地區因此得到發展，人氣變得更旺，也更加繁華。

🍥 但對晉朝而言，南方繁榮意味著徹底放棄對北方地區的掌控，完全留給胡族當舞臺。

🍥 用「舞臺」來形容可能不夠貼切，準確點說是「擂臺」。

雖然「撐走」晉朝後，匈奴人建立了漢國，但各派勢力因為分贓不均打起內戰。

🥟 而其他胡族也趁機進軍中原，為了搶地盤開始瘋狂廝殺。

總之，整個北方地區亂成一鍋粥，每年總共三百六十五天，恨不得打三百六十六天仗。

🥟 因為參與戰爭的胡族主要有五支：匈奴、羯、鮮卑、羌、氐。

他們前前後後建立了十六個較大的國家。

🥟 十六國中非常強大的存在是氐族苻堅建立的前秦。

前秦曾一度統一北方，讓另外幾支胡族臣服。

符堅距離統一天下的目標，中間還隔著最後的敵人——我們的主角東晉。

話說東晉搬到南方地區後，一直都想收復失地。

所以東晉隔三岔五就派人北伐，但每次都功敗垂成。

📖 打勝仗後，要嘛皇帝擔心將領在外叛變，直接下令將其召回；要嘛糧草跟不上，只能被迫撤軍，把占的地又吐出去了。

📖 在前秦的老闆苻堅眼裡，東晉看起來實在太弱了。

打個仗還鉤心鬥角，根本就幹不成大事，屬於「猶豫就會敗北」的那種。

西元三八三年，苻堅親率步兵六十萬，外加騎兵二十七萬，南下攻打東晉。

東晉的國力不如前秦，僅能抽出八萬人參戰。
但這支軍隊的成分很特殊，士兵都是北方地區逃過來的難民。

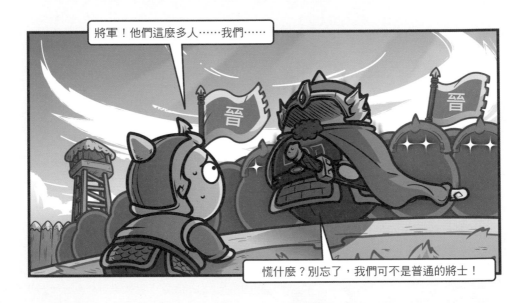

📖 為什麼要逃？因為戰亂。是誰挑起了戰亂？五胡十六國！

現在仇人之一送上門來，東晉的小宇宙自然爆發了，戰鬥力暴增。

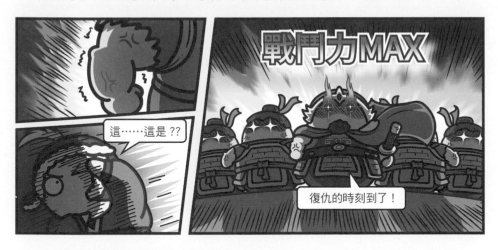

📖 而且東晉還有個祕密武器——間諜。

之前東晉和前秦小打小鬧時，有個叫朱序的東晉將領不幸被俘。

苻堅聽說朱序非常忠義，沒有殺掉他，而是將他留在手下做官。

這次出征，苻堅派了朱序去勸降晉軍。

　　只能說苻堅的思維邏輯有點毛病，他沒有想明白，一個真正忠義的人是不會投敵的。

> 如果他投敵，
> 肯定是假投降！

朱序一到東晉軍營，什麼勸降的話都沒說，直接洩露前秦的軍情：

前秦的士兵雖然數量眾多，但集結還需要時間，應該趁早發動襲擊。

> 快！快！情況緊急！快帶我去見都督！

> 朱將軍！別這麼急嘛！走一下流程，
> 以防對面的探子看出問題！

於是晉軍出動，很快便和前秦軍隊的前鋒相遇，雙方在淝水（位於安徽）兩岸對峙。前秦的計畫是，先稍稍後退吸引晉軍渡河，等他們渡到一半再攻打。

待會兒按計畫行事！大家演得逼真點啊！

您果然謀略過人啊！

但計畫開始執行時，好間諜朱序……突然在後頭放聲大喊：「前面的前秦軍隊敗了！敗了！」

霎時間，前秦軍心大亂。

你們這群蠢貨！

能不能演得真一點啊！

我有一計！保證他們個個都變影帝！

前面的前秦軍隊敗了！敗了！快跑啊！！！

哇，快跑啊！！

假撤退變成真逃跑，自己人都踩死不少自己人。

晉軍趁亂渡河追擊，前秦軍隊最終大敗而歸，倒楣的苻堅還中了一箭。

而這次戰役的影響非常深遠：

北方軍隊攻打南方的嘗試失敗了，短時間再難聚集起力量。

📖 而南方政權沒強到能夠北上統一天下，未來很長一段時間內，古代中國的局勢都是南北對峙。

📖 不過，我們說的南和北並非單指東晉和前秦。

因為他們的命都不長了……

📖 淝水之戰中，苻堅組建的大軍被打垮，導致前秦沒有了威懾力。

之前被打到臣服的幾支胡族，一個接一個造反……

前秦很快崩潰，北方的擂臺重新開張，各位選手繼續肉搏。

東晉暫時解除外患後，開始一門心思搞內鬥。

朝中的大臣你排擠我，我排擠你，將軍個個擁兵自重，搞得東晉烏煙瘴氣。

🗨 按理說，皇帝在這時應該站出來怒吼：「鬥什麼鬥？都給我好好幹活！」
然而東晉皇帝沒有這麼做⋯⋯

🗨 東晉第十位皇帝晉安帝，從小到大連話都不怎麼會講，也分不清四季⋯⋯
能笨到這種程度，就連「何不食肉糜」的晉惠帝都自愧不如。

🗨 這種人坐在皇位上，東晉不亂才叫奇怪呢！

這種局勢下，大臣們無法無天是理所當然的事，甚至到了極致的表現，就是篡位。

西元四一九年，東晉將領劉裕派手下在宮中勒死晉安帝。

我……準備好了！你踢凳子吧！

沒想到第一次殺皇帝竟然碰到了個傻子……

但有個算命先生對劉裕講：「老天說了，晉朝還會有位皇帝。」

所以劉裕強忍著篡位的欲望，又扶持一個傀儡皇帝，裝模作樣一段時間來哄哄老天爺。

來來來！老天爺，你要的最後一個皇帝在這裡，看夠了沒有？他可以駕崩了嗎？

西元四二〇年，劉裕裝夠了，把傀儡皇帝一腳踢出皇宮，自己宣布登基，改國號為「宋」，東晉滅亡。

　　因為這個國家偏安於南方，所以被稱為南朝宋。

西元四三九年，北方大擂臺的總決賽結束了。

　　五胡中的匈奴、羯、羌、氐，都在漫長的戰爭中走向衰落。

　　鮮卑是最後的贏家，統一北方，國號為「魏」，史稱北魏。

以南朝宋和北魏的並立為標誌，從此中國進入南北朝時代。

有句老話說得好：天下合久必分，分久必合……

從歷史的大趨勢來看，分裂對立不可能永遠持續下去。

最後到底是北朝吃掉南朝，還是南朝吃掉北朝呢？

讓我們拭目以待！

6
南北朝篇（上）

形同虛設的「子貴母死」制度

平時看後宮劇裡的妃子們爭來爭去、鬥個沒完，不完全是為了讓自己受寵，還有很大一部分原因是希望自己生的孩子能當上皇位繼承人。

一旦成功了，自己的兒子被立為太子，當媽的肯定高興得不行。

天天盼著皇帝早點死，然後讓兒子登基，自己做個尊貴的太后，成為宮裡最有權勢的女人，簡直美滋滋。

但有這麼一個朝代，后妃聽到兒子當太子了，不僅樂不起來，反而可能會痛哭流涕。

因為冊封太子的詔書對她們來說，就是一封判決書，而且還是立即執行死刑的那種。

都說宮廷中是母憑子貴，事情為什麼會變成這樣呢？

別急，且聽雷雷道來！

話說在西晉時期，北方生活著一支叫鮮卑的胡族……
而鮮卑中，有個部落叫拓跋部。
西晉滅亡後，拓跋鮮卑攪進胡族爭奪北方的大戰。

好兄弟，別吃了！北方這麼亂，我們的機會來了！

📖 因為實力不算很強，他們一度臣服於氐族建立的前秦。

📖 後來前秦過於自信，非要跑去攻打逃到南方的東晉，結果輸得一敗塗地⋯⋯

原本臣服的胡族趁機叛亂，企圖單飛。

🍩 拓跋鮮卑也是其中之一，西元三八六年，他們建立自己的魏國，史稱「北魏」。

🍩 此後幾十年裡，北魏的軍隊四面出擊，不斷攻打周圍的國家，為自己開疆擴土。

🍩 最終北魏占領了整個中原。

面對愈來愈大的地盤，北魏第一位皇帝拓跋珪意識到：
以胡族的傳統方式，管幾個部落還行，但很難治理一個龐大的國家。

來來來！國之剛立，正是需要棟梁的時候，都說說各自有什麼本事！

我主修胡族的管理學，擅長剃羊毛！

我主修胡族的養生學，擅長擠奶！

我主修胡族的經濟學，擅長放羊！

我就厲害了，我在中原留學過，我會養豬！

怎麼辦呢？拓跋珪做了一個決定，就是向漢人學習！

靠你們這群飯桶，我遲早玩完！

來人哪！去大街上隨便抓幾個漢人過來！

拓跋珪模仿漢人的官制建立朝廷，模仿漢人的都城建造宮殿，模仿漢人的習俗蓋宗廟拜祖先……並起用大批漢人，進入朝廷當公務員。

朝廷　　　　　　廟宇　　　　　　公務員

拓跋珪甚至強行拆散以血緣為紐帶的各部落，命令他們像漢人那樣，按居住地重新登記戶口。

🪙 拓跋珪還很有創新精神，他發現之前的王朝，尤其是漢朝，總是出現外戚干政的情況 —— 太后和她的親戚們動不動就把皇帝當傀儡使喚。

🪙 為了避免自己死後出現這種狀況，拓跋珪想出極其簡單粗暴的方法 —— 建立子貴母死制度。

拓跋珪規定，冊立太子之前，必須賜死太子的生母。

無論她是宮女、妃子還是皇后，統統都得死，以斷絕外戚干政的後患。

拓跋珪還真的付諸實踐了：長子當繼位人後，他立刻賜死長子的生母⋯⋯

🥟 憑藉這些手段，北魏得以穩定住國家的局勢，然後再步步蠶食其他勢力。

🥟 西元四三九年，北魏最終統一北方，和取代東晉的南朝宋，形成南北對峙局面。

📖 一統天下的夢，只要是個人都會做，所以北魏和南朝宋之間的戰爭，幾乎是無可避免的。

📖 西元四五〇年春，北魏六十萬大軍南下攻宋。

雙方幾番交手，互有勝負，死傷都很多，沒打出什麼結果。

戰區的老百姓倒是被折騰慘了，北魏軍隊每到一處就瘋狂燒殺搶掠，路過的地方幾乎寸草不生。

留下一片廢墟後，北魏軍隊暫時撤回，然後開起經驗教訓總結大會。

🗨 經過一番討論，大家覺得失敗的原因是學習漢人沒學徹底，導致國力不夠強，才不能一次性滅掉南朝宋。

🗨 於是在拓跋珪之後，北魏迎來第二次漢化改革。

讓人跌破眼鏡的是，主持這次改革的並非皇帝，而是一位把持朝政的女人——文明太后馮氏。

是的，你沒聽錯，改革發生在子貴母死的制度下。

北魏還是出現了太后專權。

這是因為殺掉生母後，為了有個人看管太子，皇帝得從后妃裡挑個養母給他，所以實際上依然存在著太后的位置。

小太子，我做你的母后怎麼樣呀？

我做！我做！

還是我比較合適！

太后只要有足夠的人格魅力，有足夠調教太子的功力，能和太子搞好關係，還是很容易把持朝政。

你們這樣的庸脂俗粉……

憑什麼和我搶這個位置！

連小太子喜歡什麼類型都不知道！

馮太后就屬於成功的那類人。

她的養子──北魏獻文帝，小時候十分、十分崇拜她。

對她言聽計從，都忘記自己親媽是誰。

太子殿下，今天是您生母的忌日，該去祭拜了！

我現在要去給母后請安呢，沒空！

生母？什麼生母？

🍘 馮太后說一，獻文帝絕對不說二。

再加上馮太后是個漢人，而非鮮卑人，打從心底希望北魏漢化，一場改革就這麼拉開序幕。

徹底漢化

🍘 在此之前，北魏的各級官員都沒有工資。

按照鮮卑族的習俗，他們是靠戰利品和皇帝的賞賜過日子，吃飽了上頓可能沒下頓，所以官員們往往都會瘋狂貪汙。

這波油水撈得好，夠吃到後年了，哈哈哈！

📖 馮太后下令，從今往後，文武百官都按級別領工資。

朝廷出錢養你，但要敢再貪哪怕一匹布，處死！

📖 馮太后又推廣均田法，把國家手裡的荒地平分給農民來種。

用這種方式加強了農耕經濟的發展，也讓游牧民族鮮卑建立的北魏，盡快擺脫游牧這種不穩定的收入方式。

🍬 馮太后還在地方實行「三長制」：

五戶為一鄰，設一位鄰長；五鄰為一里，設一位里長；五里為一黨，設一位黨長。

鄰長　里長　黨長

🍬「三長」都由德高望重的人擔任，負責維護治安、監督交稅等。

「三長制」便於朝廷嚴格管理各地，徹底摧毀鮮卑的部落制。

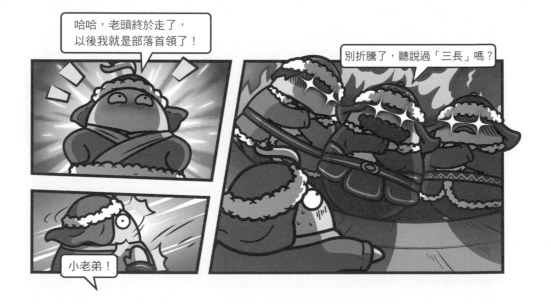

哈哈，老頭終於走了，以後我就是部落首領了！

別折騰了，聽說過「三長」嗎？

小老弟！

不過馮太后碰到一些麻煩，主要是獻文帝長大了。
　　獻文帝從史書上讀了不少太后篡權的故事，對這位養母愈發感到不滿。

怪不得太后一直不讓我靠近這個書架！

於是獻文帝開始和馮太后明爭暗鬥，結果他沒鬥過馮太后，被逼著讓位給
兒子，就是馮太后的孫子元宏，即北魏孝文帝。

以後可不要學你這個不學無術的爹！

大家可能有點好奇，北魏皇族不是姓拓跋嗎？為什麼孝文帝姓元呢？

這就得說到第三波改革了。

孝文帝從小跟著奶奶馮太后長大，性格、思想都深受她影響。
他比他爹獻文帝還要聽馮太后的話，堪稱馮太后的「人肉複讀機」。

哀家不同意！啊不……朕不同意！

孝文帝親政後，下決心要把漢化改革進行到底。

北魏的都城本來位於山西大同，靠近鮮卑在北境的發家之地。
於是孝文帝下令搬走，遷都到中原文明的心臟——洛陽。

鮮卑族原本的複姓，都被孝文帝改成漢人的單姓。

如拓跋、獨孤、賀樓，對應元、劉、樓，所以他的名字就變成元宏。

孝文帝還禁用鮮卑語，禁止穿各類胡族服裝，大家統一說漢語、穿漢服。

他還鼓勵胡人和漢人通婚，以身作則，娶了很多漢人女子為后妃。

這就是你納妃的理由嗎？

從初代皇帝拓跋珪到馮太后，從馮太后到孝文帝……

他們實行的種種漢化政策，讓鮮卑等胡族飛快地融入中原文明，而不是站在中原文明的對立面，使社會可以平穩發展。

而且影響是相互的，像鮮卑這樣的胡族，有自己獨特的長處，同樣會被中原文明所吸收利用。魏國從此不復存在，取而代之的是晉朝。

例如胡人精通畜牧業，為漢人提供很多養馬、養牛的經驗。

例如胡人能歌善舞，為漢人帶來不一樣的流行樂。

又例如他們喜歡吃燒烤，為漢人更新了烹飪方式。

就連「坐」這個姿勢，其實也是從胡人那裡學來的。
之前漢人習慣跪坐在地上，其實就是跪著，屁股擱在腳後跟。

而胡人喜歡坐折疊的小馬扎，讓雙腿下垂，久坐時會舒服很多，於是漢人開始改用這種坐法，然後有了各種凳子、椅子。

這小東西還挺別致的！

北魏時期的民族大融合對中國影響非常深遠，今天生活中的很多細節，在那時就已經產生了。

整個中國的文化因此變得更豐富多彩。

🪨 但北魏沒有透過改革變得更強盛，反而慢慢走向末日。

　因為，孝文帝的想法不能代表所有鮮卑貴族的意願。

　希望死守鮮卑傳統，還仇視漢化政策的人，實在是太多了。

🪨 思想上的反叛，很快演變成行動上的反叛，讓北魏帝國分崩離析。

7
南北朝篇（下）
南朝四百八十寺，多少樓臺煙雨中

有句老話叫「善惡終有報，天道好輪回」，鮮卑人當年還在草原大漠住時，老是偷襲中原王朝的邊疆，被視為心腹大患。

後來鮮卑人入主中原，建立北魏王朝，自己也成為別人襲擾的對象，體驗了一下角色互換。

因為鮮卑人走後，其他游牧民族取代了他們在草原上的位置，天天到北魏這邊搶劫。

為了防禦這些搶匪，北魏設置一條超長的防線，把防線分為六段，每段都是一個「鎮」。

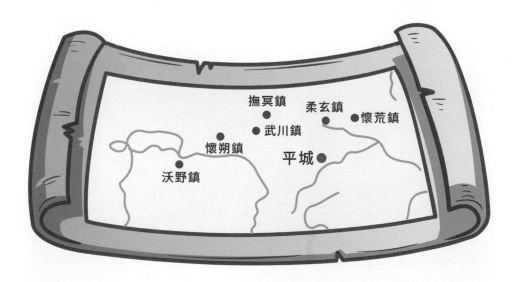

北魏調遣大批鮮卑族士兵和他們的家屬，常年在六鎮駐紮，由鮮卑族的將領指揮。

馬上就到六鎮了，帶著老人、小孩的跟緊，別走丟了！

一開始的時候，這些「北境守護者」的地位很高，大家都感激他們做出的犧牲，把他們視為國之英雄。

將軍，老百姓又來送福利了！

鄉親們有心了！

🍪 將領能得到優先升官的機會，隨時可以被調回朝廷工作，士兵家也能享受不用繳稅的特權。

🍪 但隨著防線的鞏固，敵人不太願意冒險來搶劫了，反而改為和北魏交朋友，邊境的威脅也慢慢解除了。

而北魏又搞了一系列漢化改革，在繁華大城市的鮮卑人，紛紛改頭換面，整天吟詩作對，寫字看書，以文化人自居。

而六鎮因為遠在邊疆，漢化進行得非常慢，開始和整個社會格格不入。

北魏建國一百多年後，六鎮的官兵已經從「國之英雄」，變成「土鱉」、「蠻子」。

不好好讀書，以後就會和這些土鱉一樣！

六鎮官兵的特權相繼被取消，處處受人鄙視，將領很難再回朝廷當官，去六鎮基本上等於終身發配了。

我可是京城第一採花大盜！大兄弟，你又是犯了什麼事被發配邊疆的啊？

🗨 我替你守邊疆，你把我當傻瓜，對於這種不公平待遇，六鎮官兵的心裡肯定不爽，只是一直忍著沒爆發。

這是什麼世道！居然連囚犯也能嘲笑我們！

🗨 西元五二三年，懷荒鎮發生饑荒，向朝廷申請救濟糧，居然被無情拒絕，朝廷還覺得六鎮事多、要求多，揚言要整頓打壓六鎮。

陛⋯⋯陛下⋯⋯求求您放糧救災吧！

放什麼糧？一天到晚就知道吃！你們是一群飯桶嗎？

🀫 到這個份上就無法忍了，於是六鎮相繼叛亂，最終演變成北魏的全面內戰，這一打，就打了整整十年。

🀫 最終，北魏分裂成東魏、西魏，東魏由權臣高歡把持，西魏是宇文泰管事，一人帶著一個傀儡皇帝玩。

🗨 對於北方的混亂局面，南方政權表示感同身受，因為自打南北朝時代開啟⋯⋯

南方就沒過上幾天消停日子。

🗨 從西元四三九年到五三四年，北方一直由北魏管理，而南方這棟「辦公大樓」，已經換了三家公司入駐，從南朝宋到南朝齊，再到南朝梁。

📖 但沒有一回是因為外敵入侵改朝換代，全都是大臣、將軍篡位，或者他們先打內戰再篡位，可以說是內鬥專家了。

　　📖 除了內鬥，南方這邊還在忙另一件事情──拜佛。

🗨 佛教發源自印度，漢朝時期經西域傳到中國。

　　佛教的影響力一開始不算大，在朝廷和多數百姓眼裡，儒家聖人和本土的道教才是主流信仰。

🗨 但是，從東漢末年到南北朝時期，中國各地連年戰亂，很多老百姓苦不堪言，對生活感到絕望。

📖 而佛教思想認為，今生的苦難是種修行，會換到來生的幸福，於是老百姓紛紛拿佛教當精神寄託。

施主，且慢！

現在的你愈慘，下輩子就會愈幸福！

祖宅已經替你燒了，忘掉過去，和我一起修行吧！

📖 然後大家開始瘋狂捐錢供養僧人，沒有錢就出力，隔三岔五去幫僧人幹活，都想攢點功德。

以至於都沒多少人願意參軍殺敵，因為誰都不想沾血壞了修行。

阿彌陀佛，將軍還是放下屠刀，和我一起去廟裡修行吧！

是啊將軍！你家那麼有錢，可以捐好多功德！

朝廷也撥出大量土地，用於修建華麗的寺廟，還給僧人不繳稅和不服勞役的特權，當時佛教興盛到什麼地步呢？大家應該學過這麼一首古詩：

> 千里鶯啼綠映紅，
> 水村山郭酒旗風。
> 南朝四百八十寺，
> 多少樓臺煙雨中。

南朝梁的統治時期，佛教的發展達到新巔峰，因為南朝梁第一位皇帝蕭衍，就是一位虔誠的信徒。

請佛祖保佑我大梁風調雨順、國泰民安、兵強馬壯、繁榮富強……

🍥 蕭衍為了死後能成佛，天天跟著和尚念經打坐，還戒葷戒色，每天只吃豆湯粗飯，幾十年都不去一次後宮。

皇后娘娘，陛下來了！

皇后，朕今晚要和大師通宵交流經文！借妳的宮殿一用，妳挪到別的宮去吧！

什麼？陛下終於正常了嗎？

大師裡邊請！

🍥 更讓人哭笑不得的是，蕭衍這個皇帝竟然跑去出家。

但南朝梁不能沒有「老闆」管事啊，大臣們就只能自己湊錢，掏鉅款把他從寺廟裡贖出來。

錢拿去！

皇上就在裡面，你自己找吧！

皇上呢？快把皇上還我！

玩一次就算了，蕭衍還不識好歹，前前後後出家了三回，堪稱鬧劇。

你們皇上說了，這次你們能找到他，就算他輸！

很多有遠見的人已經意識到，沉迷佛教會成為社會問題，他們想出的解決辦法就是，從根源上否認神佛存在，駁倒輪迴轉世說，讓大家看清現實。

別念經了！根本就沒有來世！

不如把金佛像熔了分一分，大家都回去享受生活！

🍡 這群人中最厲害的當屬范縝，寫了著名的〈神滅論〉。

范縝

🍡 〈神滅論〉的核心觀點就是：人的意識必須依託身體存在。
人死則如燈滅，意識也會立刻消亡，根本不存在什麼靈魂轉世。

在全民迷信的古代，能寫出這種唯物主義文章，范縝的思想可以說相當超前。

就像其他新觀念一樣，范縝的學說必然會遭到舊思想圍攻。

梁武帝曾經組織六十四人，寫了七十五篇文章，圍攻范縝。

結果范縝打嘴仗的能力一流，對手們完全占不到便宜。

 例如有個傢伙嘲諷范縝：

既然你說人死如燈滅，那你祖宗的神靈在何處呢？

范縝立刻回敬道：

 你知道你祖宗的神靈在哪裡，幹嘛不自殺去追隨祖宗呢？

雖然梁武帝沒能駁倒范縝，但他畢竟是皇帝，非要一意孤行沉迷拜佛，范縝也不能拿繩子捆住他吧！

好了好了，你們說不贏他，一定是拜佛的力度還不夠，趕緊回寺裡再修煉、修煉！

晚年的梁武帝愈發昏庸，心思只在佛堂，壓根沒有精力管朝政，最終南朝梁爆發內亂，梁武帝成了俘虜，於悲憤中餓死在宮中。

喂！你們監獄怎麼回事？飯點到了還不讓我用膳！

我們這裡都是肉食，不適合你！

啊！我要到西方極樂世界吃齋了……

然後南方繼宋、齊、梁之後，迎來了第四家「入駐公司」——南朝陳。南朝梁的殘餘勢力，只能靠一小塊地盤苟且偷生。

以後這就是你們的活動範圍！

📖 此時的北方地區已經變天，把持東魏的高家和西魏的宇文家，相繼砸掉「魏」的招牌，廢了傀儡皇帝自己上位。

他們順帶重新註冊「公司」名字，東魏變成北齊，西魏變成北周。

📖 加上還沒完全斷氣的南朝梁，還有新建立的南朝陳，南北朝出現四國並立局面。

大家可能會覺得南北朝時代是真的事多，國名換來換去，地盤變來變去，記起來都感覺麻煩。

老頭子，今天我們變成哪國人啊？

別著急，馬上就知道了！

為了拯救大家有限的腦容量，一個人挺身而出，準備再次建立大一統王朝，他就是楊堅。

以後不用換了，你們都是北周人！

楊堅

📖 楊堅本是效命於北周的將軍，能征善戰，三十多歲時就跟隨北周皇帝帶兵出征，擊敗隔壁的北齊。

然後把他徹底從地圖上抹掉，讓四國並立的局面變成「三國殺」。

📖 因為立下軍功，楊堅的官位愈升愈高，女兒還嫁給北周的太子。

📖 一般來說，做官做到這種地步也該知足了，然而楊堅這人滿腦子都是「百尺竿頭，更進一步」，於是他決定篡位。

📖 楊堅暗中攏絡百官，在軍隊裡面安插自己的親信，一點點增強實力。

🍳 等到朝中無人可擋時，楊堅心安理得地搶走皇位，改國號為隋，從北周大臣搖身一變成為隋文帝。

🍳 對古人來說，「篡位」是個絕對的貶義詞，但換上來的新皇帝不一定會很差勁，楊堅就屬於比較強悍的那種，尤其體現在武力上。

西元五八七年，楊堅消滅苟延殘喘的後梁，把三國殺局面變成「雙人舞」。

次年，他又派出五十一萬大軍，進攻最後的敵人南朝陳，南朝陳根本招架不住，於西元五八九年亡國。

📖 楊堅的隋朝自此一統天下，南北朝一百多年的紛爭，終於畫上句號。

可能在很多人眼裡，南北朝時代只是中國歷史的一段小插曲。

📖 這段時期沒有出現一個特別強大的國家，沒有開疆擴土的壯舉，也沒有哪位皇帝被後世追捧，從頭到尾就是打來打去，壓根不值一提。

本史官大概是這個時代最清閒的人了吧！

 但正是南北朝的特殊環境，為當時的中國孕育出意想不到的變革。

北朝的民族大融合，徹底改變人們的生活習慣和文化。

南朝的古寺佛塔，成就了江南獨特的風光。

范縝的〈神滅論〉，替後世種下唯物主義的種子。

這個難以被稱為盛世的時代，也是歷史不可缺少的部分！

南北朝

【未完待續……】

FUN 系列 093

王朝劇場直播中 3
賽雷三分鐘漫畫中國史【三國～魏晉南北朝】

作　　者 —— 賽雷
主　　編 —— 邱憶伶
責任編輯 —— 陳映儒
行銷企畫 —— 林欣梅
封面設計 —— 兒日
內頁排版 —— 張靜怡

編輯總監 —— 蘇清霖
董 事 長 —— 趙政岷
出 版 者 —— 時報文化出版企業股份有限公司
　　　　　　108019 臺北市和平西路三段 240 號 3 樓
　　　　　　發行專線 —— (02) 2306-6842
　　　　　　讀者服務專線 —— 0800-231-705 · (02) 2304-7103
　　　　　　讀者服務傳真 —— (02) 2304-6858
　　　　　　郵撥 —— 19344724 時報文化出版公司
　　　　　　信箱 —— 10899 臺北華江橋郵局第 99 信箱
時報悅讀網 —— http://www.readingtimes.com.tw
電子郵件信箱 —— newstudy@readingtimes.com.tw
時報出版愛讀者粉絲團 —— https://www.facebook.com/readingtimes.2
法律顧問 —— 理律法律事務所　陳長文律師、李念祖律師
印　　刷 —— 華展印刷有限公司
初版一刷 —— 2023 年 1 月 13 日
定　　價 —— 新臺幣 380 元
（缺頁或破損的書，請寄回更換）

時報文化出版公司成立於一九七五年，
一九九九年股票上櫃公開發行，二〇〇八年脫離中時集團非屬旺中，
以「尊重智慧與創意的文化事業」為信念。

王朝劇場直播中 3：賽雷三分鐘漫畫中國史
【三國～魏晉南北朝】／賽雷著 . -- 初版 . --
臺北市：時報文化出版企業股份有限公司，
2023.1
208 面；14.8×21 公分 . --（Fun 系列；93）
ISBN 978-626-353-348-6（平裝）

1. CST：中國史　2. CST：通俗史話
3. CST：漫畫

610.9　　　　　　　　　　　111021151

ISBN 978-626-353-348-6
Printed in Taiwan